MÁRCIA PELTIER

OS TEMPOS DO DESTINO

Reflexões sobre os ciclos da vida
e a sabedoria dentro de nós

ROCCO

Copyright texto © 2025 *by* Márcia Peltier

Direitos desta edição reservados à
EDITORA ROCCO LTDA.
Rua Evaristo da Veiga, 65 – 11º andar
Passeio Corporate – Torre 1
20031-040 – Rio de Janeiro – RJ
Tel.: (21) 3525-2000 – Fax: (21) 3525-2001
rocco@rocco.com.br|www.rocco.com.br

Printed in Brazil/Impresso no Brasil

preparação de originais
FERNANDA MARÃO

CIP-BRASIL. CATALOGAÇÃO NA PUBLICAÇÃO
SINDICATO NACIONAL DOS EDITORES DE LIVROS, RJ

P449t

    Peltier, Márcia
        Os tempos do destino : reflexões sobre os ciclos da vida e a sabedoria dentro de nós / Márcia Peltier. - 1. ed. - Rio de Janeiro : Rocco, 2025.

        ISBN 978-65-5532-514-0
        ISBN 978-65-5595-325-1 (recurso eletrônico)

        1. Meditação. 2. Vida espiritual. 3. Teoria do autoconhecimento. I. Título.

24-95287   CDD: 299.93
                             CDU: 299.93

Gabriela Faray Ferreira Lopes - Bibliotecária - CRB-7/6643

Sumário

Introdução 7

1. A qualidade do tempo 11
2. A justiça do tempo 17
3. O tempo de caminhar 25
4. O tempo de crescer 33
5. O tempo de sonhar 41
6. O tempo de sorrir 49
7. O tempo de aluvião 53
8. O tempo da temperança 61
9. O tempo do coração 69
10. O tempo de vigilância 77
11. O tempo do desencanto 83
12. O tempo de curar 89
13. O tempo do perdão 99
14. O tempo da colheita 109
15. O tempo de meditar 117
16. O tempo de entrega 123

17. O tempo de partir 129
18. O tempo de Deus 133

Epílogo 141
Carta ao leitor 142

Melhor é o fim das coisas do que o princípio delas.

Eclesiastes 7:8

Introdução

Escrevi este livro para dialogar com o destino.

Essa figura imponente, tão determinante e poderosa, que faz com que muitos de nós se assemelhem a fantoches sem vontade própria. Bonecos empurrados de um lado para o outro sem chance de reagir.

O destino indomável é nosso maior adversário na conquista de nossos objetivos, seja para nos descobrirmos vencedores ou meros sobreviventes das intempéries que a vida impõe.

Mas não somos tão frágeis ou manipuláveis assim.

Temos uma força dentro de nós que garante algumas certezas.

Trata-se de nosso poder de escolha e de estar presente em nossa história. Não somos apenas um personagem em um drama narrado por terceiros nem somos obrigados a fazer coisas que de fato não queremos.

Se ninguém manda no destino, ele também não manda em todas as vertentes da nossa vida.

Acredito que podemos nos relacionar com essa força de forma mais proativa.

Podemos optar por nos deixar levar sem medo por seu malicioso oscilar entre momentos de felicidade e tensão, sensações de revolta, perplexidade e acolhimento... E, na hora certa, jogar com as cartas que temos.

Dividi este livro em quinze reflexões intermediadas por poemas e textos relacionados aos temas de cada capítulo. São apenas ferramentas para nos ajudar a não sermos arrastados pelas forças contraditórias que tanto tememos.

Acredito que, quanto mais conscientes estivermos de nossos tempos interiores, mais seremos capazes de fluir na correnteza da vida e cumprir nosso destino.

Vida e destino são aliados e não adianta ficarmos nos rebelando contra eles.

"Vaidade de vaidades!", diz o pregador, vaidade de vaidades. É tudo vaidade.

Eclesiastes 1:2

1. A qualidade do tempo

O que devemos entender como um tempo de qualidade?

Aliás, qual o sentido de qualidade quando refletimos sobre o tempo?

Se o tempo é tão determinante e tão precioso, como saber se estamos dando o valor correto a esse bem vital?

Ah, o tempo e o que fazemos com ele...

Vivemos na ilusão de que sempre estaremos por aqui e que nosso tempo nunca findará.

Não atentamos à facilidade e à forma banal como gastamos esse presente único que recebemos.

Para mim, é um de nossos maiores enganos. Desperdiçamos os segundos com pequenos aborrecimentos, dilapidamos os minutos em incontáveis bobagens midiáticas e desrespeitamos as horas em atitudes insondáveis, sem sentido ou valor.

E o tempo sempre ali, inesgotável, a nos rodear, incessante.

Até quando o teremos?

Na maioria das vezes, nem nos damos conta de que cada instante é único e que jamais voltará. E que é neles que está, verdadeiramente, a nossa vida. Maiúscula ou minúscula.

E lá se vai a nossa vida, escoando em mil pedacinhos, pulverizada em milionésimos de segundos, uma linha contínua que um dia se quebrará.

Mas não agora, ainda não!

Sempre que temos de encarar a finitude do corpo, rejeitamos que o tempo está ficando escasso, acreditando piamente que, por justiça, deveríamos ter mais tempo.

Nessa hora começamos, mesmo que timidamente, a dar mais valor ao tempo... a colocar na balança o que fizemos com ele, o que fizemos com a nossa vida.

Acredito que não precisamos chegar a esse ponto derradeiro para valorizar e refletir sobre a qualidade de como usamos o tempo.

Proponho um exercício.

Vamos dialogar com os dois conceitos — qualidade e tempo — sem conflitos.

Vamos visualizar que os dois estão atrelados um ao outro.

E assim, sem nos indispor com a inevitabilidade de que o tempo urge e de que a qualidade depende das escolhas que fazemos todos os dias, procuremos respirar fundo e imaginar que estamos em suspenso, em uma paz silenciosa.

Se conseguirmos criar um retiro mental das solicitações diárias, nem que seja por alguns segundos, teremos mais capacidade de lidar com essas duas forças conflitantes e encontrar um pouco de paz.

De todas as lições que aprendi ao lidar com o meu tempo, acredito que a maior delas foi entender que não podemos desperdiçar a vida em fragmentos que não nos levam a lugar algum.

E acredito que, apesar de termos um tempo terreno contado em anos, continuaremos a existir além dele, em um tempo infinito.

Tempo, tempo, tempo...

Onde depositar, por mais alguns segundos, os anseios das lembranças que turvam a solidão, aquelas em que guardamos nossos mais profundos sentimentos?

Ou dos momentos inesquecíveis que, simplesmente, validam a nossa existência?

Não sou uma alma itinerante, penso eu, mas o tempo fluido não parece se importar com isso.

Na irrelevância dos minutos que passam à deriva, fico reflexiva...

Como se adequar às passagens da vida sem me prender ao passado, ou à ansiedade do futuro?

Apenas viver o presente sem apego ou ressentimentos?

Não carrego correntes nos ombros, tampouco sou impulsiva a ponto de me atirar nas águas poderosas que marcam o tempo que ainda me resta.

Sigo prudente como nos cabe ser nessa vida, mesmo sem entender os anos-luz da existência humana neste planeta.

Sempre sonhei que um dia tudo seria esclarecido: o passado, o presente e o futuro.

Em minha inocente imaginação, eles se fundiriam em uma bela história com um ponto final.

Mas o passar dos anos me aponta outro sentido.

Ele me diz que o tempo nada mais é do que um moto contínuo, e que giramos em volta dele sem perceber que estamos nessa contínua rotação.

No dia da prosperidade, goza do bem, mas, no dia da adversidade, considera; porque também Deus fez este em oposição àquele, para que o homem nada ache que tenha de vir depois dele.

Eclesiastes 7:14

2. A justiça do tempo

Nem sempre achamos que o tempo agiu com justiça em nossa vida. Que preencheu todos os pesares e usou todos os sentimentos como deveria.

Nesses momentos de angústia e perplexidade, quando o peso de tudo o que vivenciamos desaba sobre nós, questionamos a justiça do tempo.

E ele passa a ser algo maldito ou estéril. Um deserto em nossa existência, nos negando pão e água. A água viva que tanto queremos e de que, em nossa cabeça, achamos ser merecedores.

Sobrevivemos a duras penas e, como animais feridos em um mundo árido, enchemos nosso coração de rancor e mágoa porque o tempo e o mundo, com suas inúmeras variantes, não agiram de acordo com nosso desejo.

É quase patético questionar se o tempo está certo ou não.

Não temos as ferramentas necessárias nem os calos na alma que deem suporte às nossas queixas.

Não somos — intelectual e emocionalmente — capazes de fazer essa medição, mas sempre acreditamos que o tempo está em dívida conosco.

Nas montanhas que cruzam os continentes, nas marés que espelham as luas cheias, nas brisas que brincam no horizonte verde das planícies, nada disso é questionado.

Nem no voo desabrido dos pássaros, no coaxar lamuriento dos sapos ou no irreversível aprendizado das moléculas que compõem o Universo em transformação.

Neste planeta, onde estão todos os outros componentes da vida — fogo, terra, água e ar —, nem um sussurro se levanta contra o tempo.

Apenas os seres humanos se sentem no direito de questionar e desafiar o tempo e suas certezas.

O tempo e seus destinos. O tempo e suas sentenças. O tempo e seus direitos.

Ai de nós, que não temos a pureza dos seres que não se apropriam da Natureza como tiranos!

Somos os que se iludem, os que acreditam ter algum direito sobre aquilo que não nos pertence.

Seres que não se enxergam na perspectiva real de que nada somos diante da poeira cósmica que percorre o infinito.

A fotografia

Tenho evitado as fotos antigas. Não aguento mais me desconhecer.

Olho para as fotos de quando eu era jovem e elas parecem ser de outra pessoa.

Quem é aquela mulher tão cheia de vida? Sou eu, mas não é mais.

Quando deixamos o lugar em que éramos aquele alguém, mudamos e passamos a ser outro.

Pode ser por conta de um crescimento pessoal, uma desilusão, uma falha de caráter, um desgosto, um ciclo que se fecha.

Com o tempo, as fotografias se tornam implacavelmente cruéis.

Elas são reais.

Elas mostram tudo.

O cabelo desarrumado, o sorriso falso, o olhar enviesado, a boca desgostosa, as mãos sem jeito, sem interesse ou aflitas.

É verdade que também revelam um lado bom de um tempo que já passou.

Os sorrisos, a cumplicidade, os olhares ávidos de vida.

Corpo

Estou tentando pensar no meu corpo com mais generosidade.

Comecei agradecendo ao meu fígado por não estar tão doente por conta da minha revolta com coisas que não posso mudar.

Aos meus pulmões por não me deixarem na mão ao respirar a tristeza que assola o mundo.

A minha pele por se manter suave apesar da aspereza de tudo.

E aos meus cabelos por continuarem comigo mesmo quando parecia que eu ia perder a cabeça por diversos motivos.

Agradeço ao meu corpo pela generosidade de sua presença, me garantindo saúde em todos os momentos; até nos mais desastrosos.

Não podemos esquecer de agradecer ao nosso corpo pela força e pela resiliência diária.

Mas, se seu corpo estiver em sofrimento constante e a dor estiver demais, ofereça suas lágrimas para um bem maior.

Tem sempre alguém com muito mais motivos do que você para chorar.

Ave, chuva!

Existe o tempo do compasso: um ritmo lento que vai aos poucos se firmando. Mas, antes de aparecer e ocupar seu espaço, esse tempo vai cozinhando nossas emoções bem lentamente, temperando nosso espírito até que não mais nos perturbemos pelo porvir. Nem pelo rubor de nossas faces, nem pelo olhar perdido de quem espera sem saber por quê.

O compasso do tempo nos ensina a acreditar que um movimento alheio à nossa vontade, um bater de asas, um estalido de madeira seca ou um farfalhar de matas faz parte desse universo indecifrável que vai se reinventando à nossa volta todos os dias, dentro e fora de nós.

Outro dia olhei para o céu nublado e logo vi que uma tempestade se aproximava. Pela primeira vez na minha vida, senti aquelas águas ferozes como parte do meu corpo.

"Eu sou a tempestade", pensei, "sou seus raios e rugidos enfurecidos e flamejantes que tracejam o céu sem misericórdia."

Fui correndo para casa e, a cada pingo d'água, meu espírito se reconheceu por inteiro.

Nas águas que caíam do céu encontrei meu maná.

A vida estava de volta e, mesmo encharcada, eu corria feliz e leve, como se tivesse asas nos pés. Quanto mais o vento bramia e me empurrava na direção contrária, mais eu rebatia em minha mente: eu também sou esse vento, essa força, essa tensão que é como um aviso querendo me impedir de prosseguir. Medíamos nossas forças.

Continuei em frente, desafiando o vento e a chuva, ao mesmo tempo que sentia chuva e vento, tempestade e relâmpago em minúsculas explosões que pipocavam dentro de mim e me davam todas as provas de que eu estava viva.

Sorri para os céus por sua generosidade em dividir comigo tanta força e perfeição.

Reverenciei a Natureza com humildade e abracei tudo que vinha em minha direção. Mesmo que os céus viessem abaixo, eu não recuaria de medo. Ao contrário. Se ela me impedisse de prosseguir, eu me ajoelharia e contemplaria sua grandiosa e magnânima imensidão.

Atenta para a obra de Deus; por que quem poderá endireitar o que Ele fez torto?

Eclesiastes 7:13

3. O tempo de caminhar

Como saber se estamos no tempo de caminhar?

Para mim, é como se uma comichão alcançasse os meus mais morosos pensamentos e me despertasse mais cedo.

Como um safanão que me põe em alerta para as coisas que estão por vir. É quase como pular de alegria pela possibilidade de espreitar o futuro que está chegando.

Mas no tempo de caminhar não podemos nos adiantar e tentar saltar uma etapa. Não vai dar certo, acredite.

Temos de controlar a ansiedade e colocar os pés no chão, com muita calma e perseverança. E nunca esquecer o pensamento de que chegaremos a um lugar melhor do que este em que estamos agora.

Sim, porque o tempo de caminhar pressupõe que estamos prontos para os desafios que encontraremos no caminho. E não dá para ficar pensando que só virão coisas boas... não dá mesmo.

No tempo de caminhar, precisamos estar preparados para o que der e vier!

É quase um encontro às cegas com o destino.

Devemos repetir o tempo todo, como um mantra: "Estou pronto, vou em frente, seja o que Deus quiser."

Quando entramos no tempo de caminhar temos de estar abertos para o inesperado, venha de onde vier.

Pode ser algo que almejamos, como também alguma coisa que preferíamos nunca ter de encarar.

Mas o jogo é assim, e essa é a razão da caminhada.

É o tempo em que necessitamos estar alertas e compenetrados para sabermos como lidar com as mais variadas situações. Não ter somente um plano B, mas também um C, um D e outros mais!

Isso significa apenas uma coisa: no tempo da caminhada, devemos estar receptivos ao que a vida nos trouxer e entender que faz parte de nosso ofício de estar vivo encontrar alguns dissabores, além dos prazeres. Que alguns momentos serão mais marcantes que outros.

Uma coisa tem de estar bem afiada: nossa mente. Ela não pode ficar escolhendo isto ou aquilo aleatoriamente.

Não é assim que funciona o tempo da caminhada.

O que sem dúvida não nos deixa na mão é tentarmos dar um passo depois do outro. É o que nos resta fazer. Caminhar e seguir, nada mais.

Atenção: use bons sapatos, a caminhada é sempre longa.

A bota

Para onde vamos, perguntaram meus pés, inquietos e ansiosos em prosseguir.

Para onde irão meus pensamentos, meus sentimentos, meus anseios e planos nunca realizados, indagou meu corpo desarticulado em flagrante tensão.

Por onde andarei, se carrego nas botas um punhado de pedras afiadas, meu pensamento me questionou em tom desolador.

Preciso me livrar desses sapatos pesados que impedem a minha marcha.

Meus pés livres serão mais senhores dos caminhos tortuosos que preciso percorrer.

Devo continuar com eles metidos em botas altas, baixas, grossas, rasas?

Botas confortáveis ou dilacerantes? Quem poderá me dizer, quem?

Queria que alguém me fizesse uma bota sob medida. Um aconchego para os pés e para os mil planos que tenho pela frente.

Como prosseguir nessa espinhosa escalada se não sei o que fazer com os pés?

Ah, o doce divagar da mente que só me faz penar e clamar. Meu reino por um sapato!

Os anjos

Me diga, amiga, você se encontra bem em sua vida?

Se equilibra bem em seus sapatos, em seus saltos milimetricamente altos e verticais?

Eu prefiro as sandálias rasas tocando o chão.

Tenho vertigem das alturas desmedidas do ego e de um fazer sem sentido que me persegue como um fardo.

Quero abandonar certas bagagens que me espionam em meus sonhos até virarem pesadelos.

Sei que me encontro em meio a um turbilhão, e que um bilhão de dúvidas me assolam.

Elas me açoitam sem compaixão.

O dia vai doer? A noite, me morder?

Quem responder a esta questão que fique junto dos anjos.

Eles velam e acalmam o tempo inseguro. Solenes, expulsam o que pulsa fora do eixo.

E fazem a roda do tempo girar.

Caminhada

Existe luz na caminhada!

Existe um farol que aponta, sim, o caminho.

Só que este farol parece afogado nas brumas do mar...

Parece coisa de marinheiro, mas é apenas minha intuição feminina que me diz que, sim, vou voltar.

Sim, vou persistir em ser eu mesma.

E podem vir as tormentas, as tempestades, as chuvas de verão, as águas de março, os dilúvios inesperados, o que for: estarei aqui.

Uma rocha, pensei.

Vou ser uma rocha fincada na terra, encrustada na montanha, enterrada na areia, no fundo do lago, na beira do rio, no topo da montanha ou na vastidão das pradarias.

Serei uma rocha viva.

Uma espécie diferente que não tem forma nem peso, mas que está lá.

Pura energia da criação. Pura sensação de ser pedra.

Pura transmutação de uma partícula luminosa em solo sagrado ou profano, não importa.

Estarei lá.

Tão imortal como a alma.

Tão infinita como uma criatura de Deus. Uma filha do Criador. Presente em todos os tempos. Os bons e os ruins.

Esta sou eu.

Melhor é o longânimo do que o altivo de coração.

Eclesiastes 7:8b

4. O tempo de crescer

Quando eu era pequena, pensava que seria feliz quando fosse adulta.

Achava que o adulto era uma pessoa pronta e acabada. Forte e segura.

Nunca pensei que os adultos também cresciam. Muito menos os idosos. Mas a vida foi me ensinando que não existe uma idade certa para crescermos.

O tempo de crescer exige muita paciência. Muita dedicação. E coragem. Além de um olhar agudo para a realidade.

São tantas as oportunidades que se abrem todos os dias para crescermos mais um pouquinho, só mais um pouquinho...

Acho que a medida certa desse tempo é quando começamos a fazer as pazes com a vida e não nos rebelamos contra tudo o que ela nos traz.

Crescemos toda vez que não batemos de frente com a nossa realidade.

Quando aceitamos o que ela tem de bom ou ruim. Quando não tentamos escolher, desejando ficar sempre com a melhor parte de tudo. Como crianças que querem sempre um presente, um pirulito, um colo.

O tempo de crescer exige também muita imaginação. Uma imaginação fértil que nos leve aos lugares mais preciosos que existem dentro de nós. Aqueles que muitas vezes ficam escondidos por ignorância, arrogância ou medo.

Lugares em que ainda somos como crianças, cheios de potencial, cheios da perfeição com a qual acreditamos termos nascido. Depois culpamos a vida por não desenvolver essas habilidades, como se ela tivesse nos entortado.

Para aproveitarmos o tempo de crescer, precisamos apanhar o grãozinho imortal, a centelha divina que carregamos conosco e abrir espaço para que ela possa florir.

Regar aquele eu recém-nascido, que ainda está nas profundezas da alma, encolhido ou cruelmente enjaulado. Sem direito a nenhuma felicidade, como se os pesares que a vida nos traz fossem uma barreira definitiva entre nós e o que queremos ser.

Existe, sim, uma maneira de sairmos dessa casa escura.

Basta acreditar que podemos abrir o cofre em que nos trancamos com medo de nos ferirmos.

Muitas vezes a chave da gaiola está em nosso próprio bolso.

Outras, abrimos a porta e não voamos por temer cair.

E, quando nos damos conta, o tempo passou e não crescemos nem nos expandimos, apenas nos tornamos vacilantes e infelizes.

Não podemos deixar o tempo de crescer passar sem agir. Não existe idade certa, apenas vontade e verdade. E uma fé imensa no coração.

Maré da vida

Se você pensa que é indestrutível, atenção: seu mundo pode se desfazer quando você menos espera!

Quantos de nós pensamos que merecemos mais uma chance na vida e muitas vezes não aceitamos a forma como a chance vem?

Fico sem ação por saber que as chances vêm e vão sem que percebamos que devemos agarrá-las.

O que nos impede?

Nosso ego seletivo talvez... aquele mecanismo manipulador que nos faz acreditar que merecemos mais. Muito mais.

E, assim, as oportunidades passam... os amores morrem... e a vida continua com seu passo vertiginoso e demolidor pois quem não anda para a frente descamba para trás.

Tem dias que me pego compadecida de mim mesma, e nem penso nos outros.

Reconheço em todas as minhas tentativas de me agarrar a uma oportunidade um pouco do que sempre pensei que encontraria e nem sempre encontrei.

Mas uma força interior me incentiva a pensar melhor, ser um pouco mais compassiva comigo e com os outros.

Talvez, em algum momento da vida, eu venha a ser mais tolerante com os indecisos que não pulam quando deveriam. Ou *como* deveriam... assim como eu faço.

Acredito que o que nos impede de saltar seja a incapacidade de aceitar o que temos.

Ou o que somos e até o que merecemos.

Mais valia, menos valia... o que importa de verdade?

Importa dar o salto. Para onde for. Se a queda vier, entregue tudo ao tombo.

Pode doer, mas você vai se levantar.

Consciência

Quem mora em você?

Quem habita seu corpo e sua mente? Quem embala seu sono e cuida da noite?

Quem permanece fiel ao seu lado quando nada parece real?

Quem fica acordado velando você?

Quem arma o arco e a flecha com braço forte?

Quem murmura palavras de conforto?

Escuta a voz que sempre diz: *sou eu, sou eu, sou eu!*

Quem somente observa o vento nunca semeará, e o que olha para as nuvens nunca segará.

Eclesiastes 11:4

5. O tempo de sonhar

O tempo de sonhar está de certa maneira sempre presente. É um tempo permeável aos outros.

Assim como precisamos respirar, precisamos sonhar!

Quem não sonha, não vive. Em todo ser humano existe a necessidade real de voar um pouco além da existência. Planejar um pouco o futuro, as metas, as camadas de felicidade que quer colocar, uma seguida da outra, em sua vida.

Faz parte de todo ser humano querer olhar acima da linha do horizonte.

Imaginar batalhas e sucessos, ver quase nitidamente o que espera alcançar.

Ai de nós se não sonhamos!

Quando comecei a escrever esta parte do livro, cogitei trocar o título "O tempo de sonhar" para "O tempo de criar". Mas nenhuma criação substitui o sonho.

"Sonhar" é uma palavra mágica que evoca as melhores lembranças, mas também pode ser de grande amargura se não estivermos minimamente preparados para tentar alcançar o que sonhamos.

Precisamos cultivar nossos sonhos como momentos de interação total com o que pensamos de nós mesmos. São eles que nos sinalizam o que esperar do futuro.

Será que existem pessoas que não sonham com a felicidade? Em ter sucesso, em ser melhor do que é?

A vida sem sonho é pura fanfarra sem consistência existencial. Quem diz que não tem tempo para sonhar está dizendo que não tem tempo para viver. Ou que não consegue transformar a realidade um milímetro sequer.

Os sonhos movem a realidade, movem os sentimentos mais íntimos, constroem uma arquitetura luminosa que pavimenta o futuro.

Eles podem ser tão concretos como nossa determinação e nosso discernimento.

Sonhar faz bem para a alma, e o tempo de sonhar precisa estar sempre presente, inclusive durante todos os outros tempos.

Sonhar é o que nos faz levantar; é o que nos acompanha ao nos deitarmos cheios de certezas e dúvidas; é o que nos dá um sentido; é o que nos descreve e individualiza.

Nossos sonhos são nossos desejos mais íntimos e a expressão mais pura de nossa essência.

Solidão

Meu coração voa para longe. Ele não está mais aqui.

Meu espírito se pergunta: por que não mais me encontro?

Toda vez que o pôr do sol se esconder atrás da montanha será o tempo da espera.

Nada pode expandir seu horizonte se não trouxer o vento nas entranhas.

Um vento ardido como o sal da terra que não conhece o verão.

Um momento de solidão preenche lacunas invisíveis de um ser que não sou, de um alguém que arribou sem direção.

E meu canto é suave como uma luz morna e quente que invade meu pensamento mansamente para acomodar o que restou de mim.

Duelo no espelho

Na vã esperança de saber um pouco mais sobre mim, me olhei no espelho.

Com a vaidade combalida, aquela vaidade que nos faz pensar e sofrer lá no passado, antecipei em minha face o futuro.

Por onde correriam as linhas da vida que ainda me restavam? Uma pergunta impossível de ser respondida em qualquer circunstância.

Examinei meus cabelos: eles se "acinzentaram" de uma maneira que jamais esperei, mesmo sabendo que seria inevitável.

O invasor prateado chega para todos, refleti sem nenhuma convicção, tentando esconder de mim mesma uma incredulidade chocante...

O tempo passou, pensei, irritada com a crueldade do tempo, esse cúmplice implacável das marcas do corpo.

De repente, senti um alívio sincero. Foi como se um rasgo de luz penetrasse na escuridão.

Não preciso provar mais nada a ninguém.

Desafiadora e petulante, encarei o espelho. Quase tive uma epifania.

Tudo estava em perfeita ordem.

Os meus fios prateados, as linhas no rosto, as horas de sono perdidas, as angústias passadas, o choro incontido, a raiva refreada e a estourada, as frustrações, as alegrias, as vitórias e as derrotas, o amor, o desamor, a luta, o riso, o prazer... e todas as situações que vivi.

Olhei para mim e sorri aliviada. Já sou o que teria que ser.

Respirei fundo, me senti quase invencível e, confesso, me vi como uma heroína, poderosa e pacificada.

Não preciso mais querer ser nada. Eu, simplesmente, sou. Incompletamente completa.

Fechei os olhos e murmurei para mim mesma: eu entrego.

*Não te apresses no teu espírito a irar-te, porque
a ira abriga-se no seio dos tolos.*

Eclesiastes 7:9

6. O tempo de sorrir

Quando me encontro no tempo de sorrir, entendo que estou plena; que só por estar nesse momento saberei enfrentar o que vier com mais determinação.

Acredito piamente que os tempos turvos que nos impedem de viver a leveza de sorrir e de apreciar a vida não podem nos sufocar para sempre.

Pensamentos negativos precisam ser exilados e proibidos de se enroscar nas estreitas vielas que construímos para barrar as inundações mentais de desânimo ou de autocomiseração.

O tempo de sorrir deve ser tratado como um amuleto da sorte: por ser tão difícil de encontrar, quando o achamos, temos de viver cada segundo agarrados a ele.

Quando penso no tempo de sorrir, confesso que não paro de sorrir internamente.

E nem me lembro de que também deveria sorrir externamente. Mas quem disse que não podemos demonstrar a nossa alegria o tempo todo?

No mundo implacável em que vivemos, a alegria de uns pode ser um golpe cruel para os que somente se reconhecem em suas angústias e frustrações.

Mas aqui lanço um desafio: sorrirmos mesmo quando estivermos rodeados de pessoas que não nos querem bem. Se os incomodamos com a nossa alegria é porque eles se alegram com a nossa tristeza.

Então, que desafio melhor do que sorrir e se alegrar apenas para nos fazer bem? Nos deixar levar pela sensação de bem-estar, quase um afago na mente, um calor envolvente e sutil que acelera o coração e nos lembra de como era brincar em um parquinho de criança.

São sensações como essa, muitas vezes perdidas na memória, que voltam em recordações de infância, lembranças de filhos e netos, abraços e beijos embalados com um doce toque de mel e amor.

Caixa do esquecimento

Se você anda pensativo, refletindo sobre o poema de Fernando Pessoa, avaliando se sua alma não é pequena e se tudo vale a pena, não precisa se preocupar em acreditar na alegria.

Os movimentos internos que fazemos para seguir em frente, qual malabarismos em nossa alma, muitas vezes nos perturbam intensamente.

A passagem do tempo, com seus múltiplos tornados e calmarias, nos carrega mesmo, queiramos ou não, e lá vamos nós... Hoje estou bem, amanhã, não sei, depois de amanhã, ainda nem pensei. A vida é assim mesmo.

Então, por que sorrir quando a vida está de mal comigo?

Muitos dirão que o melhor é colocar um sorriso no rosto e ir em frente. Não sei...

Difícil lidar com as inquietações que insistem em aparecer de repente para nos questionar.

Sejam elas oportunidades perdidas, idealizações detonadas por algo ou alguém... é assim que povoamos as decepções ao longo do caminho.

Difícil balancear essas contas.

Não acredito que a infelicidade esteja sempre por perto, de tocaia, só para nos lembrar da famosa frase: "Eu não disse?"

Precisamos desativar os mecanismos que criamos e que silenciosamente solapam nossa confiança em nós mesmos.

Acredito que há várias maneiras de atacar esse tipo de problema quando nada mais nos resta a fazer — além de terapia, claro.

Tenho meu próprio jeito de lidar com essa carga.

Coloco todo o entulho emocional em uma caixa mental que tem uma etiqueta vermelha em que está escrito uma palavra que para mim é mágica: esquecimento.

E ponto final.

7. O tempo de aluvião

Sabe aquele momento da vida em que tudo parece ir embora?

Nada parece igual ou ao menos semelhante. As coisas se movem e escorregam por nossas mãos...

A sensação é de que tudo virou areia e de que, na impossibilidade de reter os grãos de alguma forma, eles são levados pelo vento.

É um tempo no qual tudo se esvai, escorre sem perdão, sem demora, sem impedimentos.

São tempos difíceis. Tempos de enxurrada, quando tudo parece partir.

E, quando o impossível já aconteceu, vem mais uma inundação.

São tempos de perdas e não adianta tentar procurar o sentido...

São coisas assim, coisas que acontecem, coisas que nem mais são coisas, são nadas sem explicação ou justificativas que apenas acontecem.

Tempos difíceis. Cada um de nós que passa por esse momento acha que seu destino é minguar para sempre e que nada, nada mesmo, poderá mudar o tempo de aluvião.

Os ventos que desabam em nossas costas parecem tufões decididos a nos derrubar e nos enredar em um turbilhão de voltas angustiantes e sem fim.

O que fazer quando o tempo de aluvião bate à nossa porta?

Aprendi que devemos tentar nos concentrar que um dia ele vai passar.

Não adianta apressar nem se proteger com barricadas na alma.

Esse tempo é um tempo difícil. Ele dói mesmo. E racha as nossas certezas com uma virulência que parece que jamais nos reergueremos!

Precisamos nos silenciar quando ele chega. Deixar fluir por entre os dentes aquele uivo de vento frio que nos arrepia quando percebemos que o pior ainda está por vir.

Um tempo feio assim só pode durar o que tiver de durar. Acredite.

É respirar fundo e se munir dos pensamentos e sentimentos mais significativos para dar lastro ao seu eu profundo.

Aqueles sentimentos que definem a sua pessoa para não correr o risco de se afastar de si mesmo.

Sua única garantia de não ser levado embora pelo tempo de aluvião é ser fiel. E acreditar que tudo um dia acaba.

Peso morto

Nunca pensei em desenhar um futuro para mim.

Sempre acreditei que o futuro é um presente sem dono. Algo que nos espera adiante. E não adianta tentar burlar seu tempo mágico.

Nenhuma trapaça o engana. Somos tão tolos quando tentamos adivinhar o porvir...

Nós nos esquecemos das manhãs que se assanham com as marés, que dormem com as estrelas e que se perdem nos pensamentos deixados na multidão.

Um pássaro pode trocar o dia pela noite e, ainda assim, cantar ao raiar do sol. E nós, como fazemos para soltar a voz que vem de uma estrela distante, sem firmamento nem horizonte?

Esse linguajar que só traz em si perplexidade me arrasta como um peso morto em minha história.

Um mundo de marés

O espaço em que me encontro é uma mero aclive. Uma pequena montanha que preciso escalar em homenagem a todas as vidas que me acolheram. A ideia de chegar ao cume me motiva a seguir em frente, porque é isso que preciso fazer.

Não estou divagando em hemisférios estranhos, sou esse pedaço de mundo também. Ando em alagados e planícies. Sinto a volatilidade do vento.

O que vem do norte, o que se derrama pelo sul, o vento morno que se desprende das entranhas da terra e que alimenta a vida transbordante das florestas, dos pântanos...

Sou também esse vento que permeia o farfalhar das folhas e conversa timidamente com cada pedacinho de solo arenoso. Que se expande até chegar ao mar ou a uma lagoa tão verde como a escuridão dos abismos existenciais.

Bebo do pote de água salgada que curte uma concha perdida em praias distantes e inabitadas.

Voo com o zumbido das abelhas e me perpetuo no mel fermentado pelas estrelas na noite.

Viajo por planetas que estão no limiar de nossa sobrevivência. Não sem nenhum tipo de vida, mas com uma vida borbulhante, ácida e quente, ainda por explodir.

Sou aquele caçador perdido, congelado nos Andes, um caminhante que trilhou espaços petrificados e que, mesmo assim, confirmou que existe uma passagem, uma fenda inercial em cada um de nós.

Nesse momento imemorial, me consagro no tempo do invisível e me despeço nas marés da omnisciência.

Turquesa

Pensei já ter curado essa sensação de abandono que sempre me deixou indefesa...

Jurei que tinha acabado com ela e exorcizado todos os temores... acreditei mais em mim mesma do que na vida... Quase me perdi.

Finalmente consegui enxergar que existe uma alvorada depois da noite escura. E que mais tarde, quando o dia se esvai, vem a noite como ondas a nos embalar para um território perigoso e movediço.

Pergunto aos meus pés se eles já não conhecem esse caminho.

São perguntas sem respostas.

Sempre sabemos as veredas em que nos embrenhamos como crianças perdidas em busca de algo que nos faça retomar o prumo e o viço das manhãs.

No silêncio, antes de adormecer, me alimento das faces risonhas que a vida já me apresentou.

Vejo o azul, o verde, o amarelo, o vermelho como faróis que me alertam. Estou viva, eles piscam para mim de forma amigável.

Uma ponta de pedra turquesa me traz à lembrança que mistérios e riquezas ainda serão descobertos.

Fecho os olhos com a certeza de encontrá-los em alguma montanha, algum dia.

*Aquilo que é torto não se pode endireitar;
aquilo que falta não pode ser calculado.*

Eclesiastes 1:15

8. O tempo da temperança

Nunca pensei que existisse um tempo determinado que marcasse a diferença em nossa vida. Mas a vida é realmente um compasso musical com aberturas e *gran finales* que se alternam em melodias mais ou menos sonoras, dependendo de como assumimos nosso destino.

Vejo agora que passei anos no tempo da temperança.

Um tempo de espera, em que as pessoas e as coisas parecem não se mover... ou o mundo, com o seu girar, não passasse de um mero detalhe estável a balançar no espaço...

O tempo pode ser um punhado de acontecimentos que vão e voltam sem um sentido concreto, mas isso é apenas aparência. No fundo, o tempo está sempre atrelado à memória, tanto emocional quanto factual.

Em tempos de temperança, não adianta ter pressa. Correr com a vida não vai fazer a vida correr.

Precisamos exercitar a paciência, a permanência, a indulgência e a sensação de que tudo vai caminhar... *one day*! Um dia!

Vivi a temperança de uma forma que não recomendo a ninguém.

Eu tinha pressa de fazer o mundo girar, mas ele não me ouvia, não me atendia e, no fim, sentei e esperei. Esperei ele girar, girar, e girar...

E a espera me deu uma certa sabedoria. Uma sapiência em termos moderados de que esse era o tempo em que eu deveria ficar.

Ficar para dar tempo ao tempo de amadurecer e, só então, entender que ele tinha mudado para um tempo de caminhar.

Pois só o tempo sabe onde ele começa e termina. E não nos comunica aonde iremos nem em que lugar nunca aportaremos.

O tempo é o tempo. O sujeito, o verbo e o final.

Dilúvio

Se eu estiver certa, prefiro não viver mais sem voar.

Mesmo que tudo seja errado ou sem sentido, não quero mais deixar ao léu os sentimentos que fogem do meu pensar.

Penar não é uma opção sincera nem gozar com as emoções alheias.

Quero um esquema de vida que seja o que meu íntimo propõe. Não vejo utilidade em ser um veículo do nada.

Do nada a dizer. Do nada a fazer. Do nada sentir.

O vácuo do nada invade e seduz pela sua eterna e prodigiosa redundância e falta de sentido multiplicador neste mundo volátil e insincero.

Afirmações e negações do mundo contemporâneo perderam o rumo depois do dilúvio moderno.

Um dilúvio de nanopartículas celulares que inundou, sem piedade, nosso passado, e submergiu nosso futuro sem aviso-prévio.

Até quando essas águas poderosas vão desabar sem piedade sobre nossa cabeça?

Sem mártires

Não existem mártires sem destino. Nem causas a serem alcançadas inutilmente.

Estamos sempre caminhando para algum lugar, para alguma casa que nos acolha em sentimento.

Não importa se ela está no mar ou na terra, fincada no topo de uma montanha ou espetada numa estrela.

Quem de nós pode se ausentar de si mesmo sem sentir a opressão da impermanência?

Não existe fundo do poço nem água estagnada. Apenas a constatação de que os dramas estão aqui para nos curar tão fortemente como o riso.

Não existem momentos sem luz nem sombras...

Tudo e todos estão presentes em cada esquina. O eterno vive em cada respiro; a latitude certa, em cada lamento.

Não deixe seu coração sangrar em vão.

Nele deve brotar uma flor para nos alinhar com o firmamento e nos preparar para o infinito.

Sem rumo

Existe uma parte que nunca se consola.

Outra que se esfola e range como uma porta aberta para a ferida da vida.

Não sei se esses lados encontram refúgio nem se descansam em alguma paz, sobreviventes do embate que nos joga sem parar contra as pedras e de volta ao mar... sem começo nem fim.

Vamos em ondas e nos perdemos em correntezas que não levam a lugar algum.

Rota de fuga

O silêncio não é um companheiro eloquente.

Não traz as respostas que eu gostaria de ouvir nem me tira da solidão.

Ao contrário, me deixa empezinhada, e aí não sou boa nem má. Apenas pior do que me imagino, e isso maltrata o meu espírito.

Não existem rotas de fuga, o único jeito é tocar a vida de lado e deixar passar.

Porque há um tempo para todo intento e para toda obra.

Eclesiastes 3:17b

9. O tempo do coração

Existe um espaço em nossa vida que precisa ser preenchido por algo que nos transporte para outro lugar. Um lugar onde nos sentimos parte de algo, mas que muitas vezes desconhecemos em nossa pedregosa caminhada neste mundo...

Nem sempre compreendemos que necessitamos desse pulo existencial.

O mais difícil é assimilar que essa dimensão nos afeta e que, em muitas ocasiões, nos desvia por caminhos muito diferentes do que acreditamos ser nosso destino.

Quando não reconhecemos que essa força tem o poder de nos lançar em direções conturbadas perdemos o rumo, mesmo quando acreditamos estar no comando das mais diversas situações.

Não há nada de perverso nem cruel no pensamento de que devemos aceitar os dramas e mistérios que a vida nos traz.

A vida, em sua trajetória real, contém esse desafio de nos abrir com intensidade, queiramos ou não e, estejamos ou não preparados.

Quando vivemos algo maior do que imaginamos, seja uma alegria imensa, um drama impactante ou apenas a intensa realidade com todos os embates da vida moderna, precisamos estar antenados com o coração.

É ele que nos conforta e nos reanima para seguirmos em mais uma etapa de nossa trajetória.

Sem a compreensão de que nosso encontro mais íntimo se faz dentro de nosso sentimento, não alcançaremos a paz de espírito de que tanto precisamos.

A paz interior de perceber o sutil que habita nossas emoções mais profundas.

O batimento sistemático e caloroso em nosso peito pelo outro nos incute uma fé muito maior, acredite.

Ter fé na humanidade e no potencial de todos os seres nos irmana e inspira mais afeto na caminhada um tanto solitária em nosso planeta.

Esse chamado existencial pode nos perturbar e nos deixar perplexos, pois tendemos a acreditar que já percorremos tal caminho, já pisamos na mesma estrada. E que já nos esforçamos o suficiente e deveríamos estar em um lugar melhor.

A realidade, porém, nunca se cansa de mostrar que ainda precisamos andar mais um pouco, nos abrir mais à frente, nos dilatarmos e nos embrenharmos adiante no que se refere ao próximo.

Seja para ampará-lo ou aceitá-lo, temos de estar prontos e abertos.

A crítica só leva ao rompimento da misteriosa e tênue linha de luz dourada que representa a força de estarmos aqui, neste momento, inteiros com nossa espiritualidade.

Quando de madrugada acordamos com urgência de paz e amor, sabemos que é um chamado pedindo mais um tempo de nossa vida.

Nesses momentos mágicos penetramos em um templo entranhado em nossa alma.

O tempo do coração se apresenta para que não nos deixemos enganar nem esquecer da contínua tarefa que devemos realizar em todos os segundos que aqui vivemos.

A sistemática e persistente revelação de que ao sermos mais compassivos e amorosos estamos no rumo certo para alcançar nossa identidade verdadeira, a nossa "presença" real.

Uma questão do coração

Tenho pensado muito em como, com o passar do tempo, o corpo se fragiliza e o estresse tende a tomar conta de nossas fortalezas.

O que se esconde em nossos mais íntimos pensamentos que nos leva a esses abismos existenciais?

Quando jovens pensamos que somos indestrutíveis, que nada pode nos abalar... E que, se isso por acaso acontecer, daremos um jeito!

Mas os anos vão passando, as camadas de vida vão se sobrepondo e as dores da alma começam a aparecer na superfície do corpo.

São marcas profundas que vislumbramos de repente, pois o espelho, esse cruel companheiro de viagem pelo tempo, não avisou que elas estavam para chegar.

Não sei se a sensação de ter perdido um pouco de velocidade na gangorra da vida, nesse vai e vem incessante, me faz repensar a vida...

Mas as questões do coração continuam se movendo feito a areia do deserto, silenciosas e inexoráveis, como um caminho final.

E se amamos...

Se amar nos difere como seres especiais, quem seríamos se não amássemos?

Parece um questionamento simples, mas é uma equação com mais premissas do que podemos supor.

Conceitos como maldade e bondade seriam meros coadjuvantes em nossa teia de realizações.

Poder e força, elementos derivados de nossa capacidade existencial, seriam sempre justificáveis em qualquer situação.

A ideia de que somos únicos e especiais justificando cada ato que perpetramos. Em nossa contumaz certeza de que tudo merecemos e de que todos devem ceder, alimentamos o que nos faz morrer.

A chama

O que faço quando minha alma fica longe de mim?

O que faço quando parece que meu sentimento foi levado embora?

O que devo fazer quando nada faz sentido e o sentido de tudo está na primeira lufada de vento que liberta meu espírito?

Rezo alto em minha mente e nenhum zumbido pode abafar o sentir e o triunfo de me resgatar enquanto há tempo...

Enquanto o rio flui em águas mansas, enquanto existe o contentamento e o sentimento de estar viva.

Peço a Deus que a urgência de receber não apague minha persistência em doar.

E que minha falta de compreensão não abafe meu discernimento em acolher os corações.

Quem sou eu para fazer diferença ou objeção?

Nada nos inventa mais do que a insegurança das marés...

Nem nos faz nascer perfeitos como o diamante eterno da luz incandescente que aquece um amor que jamais se apaga.

Vibre, coração, pois a chama há de se espalhar. Acredite e ela será elevada ao infinito.

Beijo

O beijo sela a verdade. O beijo diz a vontade.

O beijo beija a mão, a boca, o corpo e o que mais?

O beijo mela, aquece, amorna e acende tantas coisas... Como viver sem beijo?

No ar, na pele, na mente, o beijo está em tudo que existe e pulsa.

O beijo é a imaginação de cada um.

O beijo é a expectativa e a excitação, a carícia e a cassação da ausência do desejo.

Quem beija se aquece. Quem beija arfa e arrefece. Quem beija doa e recebe. O beijo...

Quem inventou esse misterioso e quente encontro carnal? Quem?

Pelo que sejam poucas as tuas palavras. Porque da muita ocupação vêm os sonhos, e a voz do tolo, da multidão das palavras.

Eclesiastes 5:2b-3

10. O tempo de vigilância

Nem sempre temos a noção exata de para onde estamos indo. É muito difícil saber se o caminho que tomamos vai nos levar ao sucesso ou ao fracasso. Ninguém planeja cometer falhas, tornar-se um adicto ou ser um parceiro de vida ruim.

Você pode dizer que, sim, essas coisas acontecem... Mas acreditar que a ausência de bússola existencial não vai nos fazer perder o rumo e nos levar a becos sem saída é pura ilusão.

O grande dilema, penso eu, é como não escorregar para dentro dos buracos que a vida nos apresenta, muitas vezes de uma forma tão disfarçada que nem percebemos o rumo que estamos tomando.

E é quando ficamos meio sem rumo, com a cabeça desorganizada, quando tudo parece confuso e as possibilidades de escolhas se amontoam à nossa frente, que precisamos entender que entramos no tempo de vigilância.

Não é fácil sentir esse momento em que nada faz muito sentido e que, por isso mesmo, a estrada é movediça.

Nossos sentidos e nossa intuição precisam se manter alertas. E uma das ações ou reflexões fundamentais é que precisamos estar atentos a tudo e a todos. Principalmente a nós mesmos.

Como reagimos (ou não reagimos) a uma provocação ou a uma tentação determina o próximo passo.

Sei que é muito complicado estar alerta o tempo todo.

E que é muito mais cômodo viver na inocência singela de que não é preciso tomar conta de nada...

Então, quando menos se espera, nos vemos enredados em problemas dilacerantes, sem saber como eles começaram.

Uma palavra que escapa na hora errada, uma atitude que fica para depois. Inveja ou raiva repentinas, sentimentos desprezíveis que atuam como um escorregão para nos arrastar para baixo...

O tempo de vigilância é o momento em que sentimos ser presas fáceis do pior.

Ao olharmos para a situação que se desenha, acreditamos que podemos dar conta sem nos envolvermos de verdade...

Mas não existe a opção de "não se envolver".

Se não percebermos a importância de estarmos vigilantes, seremos presas fáceis do destino cruel! Não seremos poupados. Não se enganem.

Os desacertos pueris se avolumam e, lá na frente, se transformam em desvios de trajetória. Muitas vezes, sem volta.

Precisamos, sim, estar atentos no tempo de vigilância.

É ele que vai nos fazer mais fortes, mais seguros e mais aptos a enfrentar os desvios e as curvas do futuro.

E ser vigilante não é ser dominador nem controlador. É estar ciente. É estar consciente de que caminhamos em uma estrada que vai dar em algum lugar que ainda desconhecemos, mas que, mesmo assim, vai nos levar a um destino.

Então, fica a proposta. Não vamos nos perder de nós mesmos. Nem de tudo que a vida se propõe a nos dar.

Sentinela

Se pensamos que estamos prestes a encontrar nosso destino é porque não fizemos a coisa certa.

Nada ilude mais a mente do que se fantasiar de uma confiança absoluta.

Sem tremores para abalar o espírito, sem dúvidas nas diretrizes do momento, cometemos o grave erro de nos render aos ímpetos do instante, desrespeitando o raciocínio lógico.

Ao agirmos assim, quebramos a primeira regra do tempo de vigilância.

Acreditamos demais em nossa altivez e autoconfiança exacerbada.

Quando baixamos a guarda e revelamos quem de fato somos e o que fizemos para abrigar nossa "persona", esquecendo de valorizar os verdadeiros fundamentos de nossa existência, acabamos isolados e à mercê das intempéries, como um espantalho perdido em um descampado.

Um sentinela de palha, desolado e sem alma; triste figura plantada em um campo sem árvores, de braços abertos esperando o nada.

Melhor é a mágoa do que o riso, porque com a tristeza do rosto se faz melhor o coração.

Eclesiastes 7:3

11. O tempo do desencanto

E quando chega o tempo do desencanto, o que podemos fazer?

Como lidar com a sensação de prostração, de desânimo, de falência individual?

Quem disser que nunca passou por isso não está sendo sincero.

Este é o tempo de checar as consequências de nossos atos, de tentar entender a dimensão dos erros, das compensações e até dos acertos, mesmo que tardios.

Seria, então, um tempo de nos redimir ou de nos condenar?

Não precisamos ser cruéis com o nosso passado.

Mas também não devemos ser por demais condescendentes, nos apegando a ele e viver nos desculpando por todos os descaminhos.

Sempre que me pego fazendo uma retrospectiva de minha vida tento ser minimamente positiva. Não quero atiçar os sentimentos que sempre levam ao debate mental insolúvel: o que fiz, o que deixei de fazer, o que não fiz mas deveria ter feito.

Para abrandar a consciência, lançamos mão de algumas ferramentas mentais: o julgamento falho e subavaliado fantasiado de uma inocência momentânea, argumentações outras que aplacam o peso de nossos mais sombrios pensamentos e o pretenso desconhecimento da natureza humana encoberto pela cegueira do momento.

No fundo da alma, sabemos que essas cobranças são companhias dilacerantes e que os argumentos que forjarmos como desculpa são apenas uma forma de criar uma realidade que nos resgate ilesos da armadilha e nos salve de nós mesmos.

Sinceramente, mesmo que seja necessário passar pelo tempo do desencanto para aprender com o passado, é preciso encontrar um caminho para sair do lodaçal mental.

Se não traçarmos uma estratégia para lidar com o passado, ele ficará para sempre nesse tempo de desencanto, como um espinho perfurando a mente e maltratando a alma.

Para seguirmos em frente e não ficarmos presos a um emaranhado de sentimentos negativos, cheio de culpa e arrependimento, precisamos aceitar quem somos.

Mesmo que o retrato não seja tão bonito como pensamos, somos quem somos: imperfeitos que sonham com as estrelas, mas que têm pés de barro presos ao chão.

Precisamos aceitar que somente com o passar da vida descobriremos quem realmente somos. Vamos nos conhecendo com o tempo.

Depois do aprendizado de sobreviver ao tempo de desencanto — e de sair dele mais consciente — podemos então nos ariscar na jornada que gostaríamos de ter trilhado e que agora, enfim, está bem na nossa frente.

Quem sou eu?

Não sou de cal nem de pedra, mas afirmo sem hesitação que bate em mim a sensação de não ter estado aqui como gostaria.

Não sou de aço nem de vidro, mas me estilhaço em fragmentos imperfeitos aqui e acolá, como se fosse pulverizada em miudezas sem significância.

Não sou de luz nem de escuridão, mas me assombram as sombras que emano e as luzes diminutas que acendo em mim mesma dependendo do momento.

Não sou terra nem ar, nem céu nem inferno — sou este lugar indivisível entre a lua e o sol, um crepúsculo no firmamento, um limiar de entendimentos que vaga sem pouso pelas estrelas.

E, se quiserem saber quem sou, não saberei dizer.

Sou apenas aquela que às vezes perde o rumo e, em outras, encontra o caminho.

Visita incômoda

Se uma sensação me incomoda, esqueço dela, mas, se ela insiste, me pergunto irritada e sem paciência: "Por que me visita?"

Quantas indagações impróprias nos incomodam ao ponto de esgotarmos as saídas inteligentes de ciladas que a mente nos envia perigosamente?

Não fui alçada a nenhum pedestal, mas também não pretendo me encolher como um animal ferido ou um experimento de mim mesma.

Somos tanto o sal da terra quanto a lama que fazemos.

Banhamos os sentidos em várias águas e muitas vezes nem percebemos o sabor do que é doce nem do que é salgado.

E pensando que pretendemos existir para sempre nos corações de quem amamos, uma pergunta vagueia minhas noites plenas de emoções:

Onde mora a minha alma (ou se esvai a minha vida) esteja ela longe da luz ou da escuridão?

Desencanto

Tenho medo dos desencantos...

Os desencantos sempre levam a ações drásticas! Guerras, brigas, hematomas, lacerações e corações partidos. Arma poderosa, o desencanto...

Tem o poder de lançar uma nação contra a outra, dividir famílias, amigos, amantes...

Sim, o desencanto divide, espalha, escanteia e promove a desunião.

Então, quando ouvir alguém dizendo que perdeu a graça, que não tem mais motivação, que não faz mais sentido... muito cuidado.

É aí que mora o perigo.

12. O tempo de curar

Será que podemos curar a nós mesmos? E os outros? Quem cura quem?

Os sentidos da cura são distintos. A cura do corpo. A cura da alma. A cura da mente. A cura do sentimento. A cura material. A cura existencial...

Quantas curas precisamos para nos sentirmos felizes? Ou apenas para vivermos bem?

Sempre que vou a uma celebração religiosa e vejo aquela multidão rezando penso em todos os tipos de cura necessárias para atender ao ser humano.

Somos tão complexos, tão diferentes e tão cheios de sutilezas... isso mais nos distancia do que aproxima.

Fico atônita de ver como, na vida, são inúmeras as situações em que precisamos buscar a cura! E, muitas vezes, ela não se revela como gostaríamos.

Ah, você pode me dizer com a mesma ponta de angústia que ecoa em toda mulher e todo homem que vive neste planeta: as dores do corpo são tantas...

Sim, é verdade, as dores do corpo são infinitas, múltiplas, e apresentam-se em uma gama de intensidade que nem podemos imaginar.

E como curar o corpo, esse invólucro?

Quando vejo as pessoas sofrendo e envelhecendo, ou chorando seus mortos, não penso apenas na cura da carne. O padecimento do corpo vem acompanhado de uma alma igualmente ferida, que também precisa de cuidados. O mundo material pode nos dar muito conforto e a tecnologia pode nos fazer até acreditar que detém os poderes da ciência sobre o nosso futuro.

Muitas vezes, antes de cairmos fisicamente doentes, nosso espírito (ou nossa mente) nos dá um alerta. Uma luz de emergência acende, avisando que algo não anda bem.

Nem sempre damos atenção a esse aviso, o que nos coloca em risco de perder o fio da meada do tempo. Se ficamos estagnados ou inertes, sem partir para uma ação efetiva, deixamos passar em vão o tempo da cura.

Precisamos de um esforço extra, um empurrão a mais, para nos convencermos de que necessitamos nos cuidar. Nos acarinhar e aceitar que existe um tempo de remissão, de convalescência, um tempo de recuperação.

É estranho pensar que todos nós, em algum momento, precisaremos de um tempo de cura. Talvez, até, de vários tempos de cura...

Não devemos nos enganar. Mais cedo ou mais tarde, enfrentaremos esse estado em que não adianta ficar nos medicando pela boca se não curarmos o coração. O tempo de cura exige atenção.

Existe apenas um remédio que é genérico e insubstituível. Ele não tem bula nem limite de posologia.

Amor. Maciças doses de amor.

Dor existencial

— Tem dias que me sinto muito triste! Então vou ao médico para poder dizer isso a ele — contou-me Amélia, com um olhar entre triste e alheio. — Sei também que ele vai dizer que estou bem, que não tenho nada, mas não é bem assim... eu explico que são as coisas do passado e que elas simplesmente às vezes voltam e eu fico triste.

Ela tinha uma tristeza incurável. Não existe nada que cure a dor de perder um filho, pensei. Para tentar dar um sentido àquele momento de confidência dita ao pé do ouvido, falei da solidão existencial que todos nós sentimos — uns mais, outros menos —, e que está gravada em nosso íntimo como um pecado mortal.

Ela concordou, como se o que eu havia dito fosse uma boia salva-vidas, algo que a manteria na superfície por mais alguns metros de vida e que poderia lhe dar a frágil sensação de que respirava livremente.

Eu quase conseguia apalpar a dor que ela emanava, pairando no ar, escondida e transmutada em energia e resignação.

Não havia revolta em sua voz, mas sua tristeza indisfarçável se aproximou de mim e me comoveu.

— É isso, uma solidão existencial — disse ela, fingindo uma convicção que não conseguia compartilhar com sua alma. — Sim, é isso, acho que minha tristeza é essa solidão existencial! — concluiu.

Mas vi que seus olhos a desmentiam, uma expressão que dizia "Não se engane, não se engane, não se engane"...

Tentei ser a pessoa que ouve com compaixão, pois acredito que ouvir seja uma das razões de estarmos neste mundo.

Muitas vezes nem precisamos dizer nada, mas são momentos em que precisamos demonstrar que estamos inteiramente presentes. Mesmo que as palavras de desabafo estejam em meio a véus de reticências, quando percebemos seu real significado, precisamos estar presentes. É o que se espera de nós.

Poeira cósmica

Gostaria de fazer desse meu dia um momento de reflexão, sem as injunções de sempre.

A violência, a corrupção, a maldade humana...

Queria poder sentir o planeta apenas na sua esplêndida magnitude, com suas montanhas generosas, os lagos profundos, as florestas tão verdes que nos fazem esquecer que nem tudo é clorofila.

Queria olhar para os desertos e sentir a vida que deles brotam, a vida terrosa que se garante e persiste, existindo de um ano ao outro até ultrapassar milhares de séculos, pois o imutável persiste e faz parte da criação, assim como a mudança perene das estações e das cheias dos rios.

Rios... sempre me fascinou ver que eles correm para o mar, como crianças buscando proteção, acolhidos na imensidão dos oceanos que se dispersam largamente pelo planeta.

Se eu pudesse fazer um pedido a Deus, além da paz entre os homens e da eliminação das dores humanas, eu pediria um dia de comunhão com a Natureza.

Na quietude dos vales e dos montes, no rumor das ondas quebrando nas praias, no farfalhar das folhas e no cheiro das flores e dos frutos que se entregam às nossas mãos...

Quem dera, meu Deus, poder ser um com a Terra e me elevar no espaço sideral como uma simples poeira cômica.

O anjo

O pensamento da morte é sempre aterrador.

Ninguém quer esse encontro, mas ele chegará para todos.

Passamos a maior parte da vida sem querer pensar na única certeza que temos pela frente.

Não sei o que é pior.

Saber que essa companheira vai nos encontrar de qualquer maneira ou negar que isso acontecerá a qualquer momento...

Não consigo imaginar um jovem temendo a morte.

Para mim, e para a maioria, isso sempre foi coisa de gente velha.

Mas, com o passar dos anos, a maturidade chegando e a vida acontecendo sem parar, como se esconder desse final?

Então resolvi dialogar com a morte no meu íntimo, sozinha, pois ninguém gosta de falar sobre esse assunto.

Enfim.

O que mais tememos? O desconhecido ou a passagem?

Não saber o que vem depois ou como vamos nos preparar para quando ela vier?

Olhar para trás e reconhecer que vivemos cada dia como se fosse o último servirá de consolo?

Saber que amamos e lutamos um bom combate, fizemos tudo o que podia, vai ajudar?

Não sei.

O ser humano se perde sempre em descaminhos e rotas confusas... faz escambos com coisas que não deveria fazer...

Acha que ser poderoso é mais importante do que ser amoroso.

Acredita que ser vitorioso vai servir de consolo quando estiver sozinho, sem ninguém ao seu lado.

Troca ouro por amor. Fama por sabedoria. Soberba por compaixão.

Sinceramente, não sei o que será de mim quando o Anjo da Passagem vier me buscar.

Confesso que tenho me preparado para conseguir partir sem arrependimentos e mágoas, livre de pesos.

Quero estar leve para poder voar alto com ele.

Mas espero que ele venha com asas bem fortes para me carregar no colo.

*Na verdade, não há homem justo sobre a terra
que faça o bem e nunca peque.*

Eclesiastes 7:20

13. O tempo do perdão

Você pode me perguntar: "Quando chega o tempo do perdão?"

Para muitos, ele chega no outono, ou no inverno, da vida. Quando já sofremos demais, choramos demais, penamos demais para ficar contabilizando todos os pesares e o que fizeram contra nós.

O tempo do perdão sempre vem acompanhado de um sentimento de quietude, da percepção de que algo chegou ao fim. Ele não chega com a morte nem com a perda de ninguém. É apenas o entendimento de que a vida precisa prosseguir sem o fio de aço encravado no coração, sem a trave que impede a ferida de cicatrizar.

O tempo do perdão tem que ser abraçado de dentro para fora. Tem que vir junto ao reconhecimento de que todos somos falhos e, em muitos momentos, frágeis ao ponto de andarmos do outro lado da estrada, aquele que sabemos estar errado.

É um tempo de olhar ao redor sem cobranças, sem rancores, sem pena de si mesmo. Não é um tempo de incriminações, nem arroubos excessivos de culpa ou de misericórdia, que mais parecem comiseração. Não.

O tempo do perdão é uma aula do sagrado. Uma mensagem dos céus para nos deixar mais leves, mais serenos, mais inteiros.

Não precisamos entrar no tempo do perdão somente quando a vida já estiver por um fio, como um moribundo que faz suas confissões esperando uma passagem para a eternidade.

O tempo do perdão pode ser um estado de calmaria e placidez espiritual. Uma benção que se derrama sobre nós, lavando a nossa alma e refrescando o nosso coração pesaroso de tanta mágoa...

Não existe inverno nem outono para perdoar alguém nem para se perdoar por completo.

O tempo do perdão é uma primavera que alcançamos, um alívio, uma cura depois de uma longa espera. Uma libertação dos piores e mais abjetos sentimentos que nos mantém agarrados ao chão pedregoso da lamentação.

Vamos sempre celebrar quando conseguirmos entrar no tempo do perdão.

É um exercício para o espírito. Um exercício libertador que vai nos levar para outro patamar. Para outro tempo. O tempo de crescer.

A arte de perdoar

Quem nunca se sentiu culpado que jogue a primeira pedra!

O sentimento de culpa é ancestral. Vem desde o pecado original que herdamos de Adão e Eva.

Mas por que nos sentimos culpados? Somos imperfeitos, você pode dizer. Pura verdade!

Somos seres repletos de imperfeições, mas isso também nos faz únicos, com nuances imensuráveis.

Mas, por sermos tão diferentes, nos estranhamos e nos magoamos.

Nossas ações têm consequências e elas nem sempre nos levam a um sentimento de realização.

Antes de entender o motivo de nossas ações, precisamos ter uma perspectiva de quem somos.

Como ter uma visão de quem somos para fazer uma crítica construtiva a nós mesmos?

Muitas religiões chamam a nossa atenção para o fato de que somos imperfeitos filhos de Deus.

Outras religiões encontram as respostas de nossas falhas por questões cármicas.

Estamos aqui para aprender e precisamos viver muitas vidas para alcançarmos um estágio maior de espiritualidade.

Para quem não acredita na presença de um ser superior, existe a psicanálise.

Em qualquer terapia, o processo de cura também reside no reconhecimento do problema e em sua superação.

Várias técnicas podem ser aplicadas, porém, tanto as religiões quanto a psicanálise convergem para o mesmo lugar: precisamos perdoar.

Seja uma pessoa, seja a nós mesmos.

Sem perdão não conseguimos seguir em frente.

Mas o perdão é uma das atitudes mais difíceis de se tomar. Sim: antes de tudo, é preciso *querer perdoar*.

Não é algo mecânico, que vem automaticamente.

Perdoar é um exercício que reúne conflitos, exige domar sentimentos incontroláveis, como a raiva que nos perturba. A raiva que nos leva a lugares obscuros e pantanosos.

Sair desse lodo não é uma tarefa fácil.

Anos de terapia para alguns, e muita oração para outros.

Sem perdão caminhamos para o abismo emocional e, segundo alguns médicos, para algumas doenças do corpo.

Uma pessoa que não consegue perdoar nada nem ninguém é uma pessoa que cultiva a infelicidade e a doença.

O mundo está repleto de pessoas que não conseguem superar seu rancor e que se tornam vítimas de seus próprios sentimentos. Criam uma realidade tão árdua e sem volta que acabam sozinhas ou doentes.

Segundo a medicina chinesa, nossos órgãos são afetados por nossos sentimentos.

Tristeza afeta o pulmão, raiva afeta o fígado e por aí vai.

Aqueles que se mantêm rijos e firmes em não reconhecer que é necessário perdoar se alimentam de sentimentos que são puro veneno.

E a conta é simples, como indica a prática havaiana Ho'oponopono: sem perdão, não existe solução.

A conta

Não existe nenhuma receita que nos prepare para a queda.

Pode ser do orgulho, da fama, da verdade, da mentira e do amor.

Uma coisa é certa. Toda queda machuca.

Fere onde nunca esperamos e deixa marcas das quais nunca nos livraremos.

A queda é a receita da humildade, do autoconhecimento, da dor visceral de se encontrar.

E depois da queda?

Depois dela vem o tempo de lamber as feridas, mas não há nenhuma receita de como se levantar.

Como voltar a ficar de pé sem ter medo de cair de novo?

Queria muito saber se existe um roteiro para a recuperação da crença em nós mesmos depois de uma queda...

Na verdade, tudo se resume a uma coisa muito simples: você deu mais do que recebeu e a conta não fecha.

Pés de barro

Existe uma complexidade em todo ser humano que realmente parece divina.

A multiplicidade de reações e feições, os apreços e desprezos, as demandas emocionais e os desapegos sentimentais, as atrações egocêntricas, a compaixão sem restrições, o perdão incondicional e condicionante. Criaturas insólitas, frágeis e de aço, seres de luz e de sombra, cintilantes e opacas, com peso e matéria, imateriais, imaturas e impacientes...

Quem não se enquadra nessas definições e em outras tantas?

Faces de quem somos, de quem queremos ser e de jornadas que, talvez, nunca completaremos.

Somos tantos em tamanho e proporção que apenas uma mente sem vínculo terrestre poderia nos criar.

Porém essas diferenças e semelhanças não nos fazem melhores nem mais imperfeitos.

Não nos elevam nem nos enquadram em cápsulas existenciais diminutas.

Elas apenas demonstram que, neste planeta, temos um pé de barro, mesmo quando almejamos nos conectar com as estrelas.

Confissão

A vida é uma descoberta constante de significados que nos fazem acreditar no sentido das marés e das pessoas que encontramos no caminho. Nada é por acaso. Tudo tem uma razão de ser, mesmo quando não a entendemos.

Para alguns, são os desígnios de Deus. Para os que nada percebem de espiritual, trata-se apenas de uma coincidência, feliz ou infeliz.

Tenho vivido muitas providências em minha vida, e sempre encontrei a presença Divina nos momentos mais difíceis e nos mais prazerosos. É uma questão de fé.

Com a fé, podemos ir longe e alcançar territórios impensáveis!

Com um espírito inquebrantável conseguimos escalar qualquer montanha e galgar os píncaros de nossa existência. Mesmo que para alguns a montanha seja apenas uma colina e para outros, o Everest.

Já subi colinas e alpes escarpados e posso testemunhar que toda vez que tropecei e me levantei, senti que não estava só.

O que foi, isso é o que há de ser; e o que se fez, isso se tornará a fazer; de modo que não há nada de novo debaixo do sol.

Eclesiastes 1:9

14. O tempo da colheita

Um tempo para rir, um tempo para se divertir, um tempo para ser feliz.

Um tempo que não deixa marcas, não fere a carne, não esfola o coração.

Nem sempre estamos nesse tempo bom, tempo amigo, companheiro e acolhedor.

Mas, quando vislumbro sua chegada, é um chamado real que indica um momento de exercitar a felicidade, a alegria e a gratidão.

O tempo de rir é um tempo de fartura. Quando nos alegramos, nos inspiramos a uma busca maior.

A felicidade, por si só, não se encontra em um tempo qualquer. Merece atenção, carinho e concentração.

Toda vez que o tempo de colheita se apresentar, precisamos ficar alertas. Com ele aparecem alguns sentimentos que não podem ser ignorados.

A vontade de sorrir, de abraçar o mundo e de perdoar. A necessidade de ser melhor e mais autêntico, de se comunicar de forma mais direta e agradável.

É o tempo de aproveitarmos tudo o que a vida nos dá.

Uma bela paisagem, um aceno furtivo, um chocolate, um amor, um amigo...

São tempos de colheita, de sentir a liberdade e a plenitude. O tempo de colher é um dos melhores tempos que podemos almejar.

Nos faz mais donos da própria vida e mais generosos com nossas faltas.

Sim, porque no tempo da colheita temos de ser mais benevolentes conosco, menos perfeccionistas, mais descontraídos.

Se deixarmos fluir, no fim tudo vai se encaixar. As ondas virão e as marés ruins nem serão percebidas... nada terá tanta importância, pois estaremos em outro tempo. Um tempo de colheita, um tempo de frutos e de flores, um tempo de amar.

O sabor das cores

Acabei de ver e sentir o gosto do verde. Nunca pensei em saborear cores... nem poderia imaginar que cores tivessem algum sabor...

Se fosse assim, que paladar apurado poderia degustar as tonalidades do branco? Ou do preto?

Não penso em me alimentar das sete cores do arco-íris porque nunca consegui ter um punhado dele em minhas mãos.

E sou do tipo que precisa ter o palpável sem a escuridão.

Tivesse eu dezenas de cores à minha disposição, me deleitaria degustando cada uma com muito cuidado. Cuidado e respeito.

As cores são símbolos e também representam enigmas que nos chamam a refletir sobre nossas tendências e escolhas.

E o nome delas, então?

Quem decidiu que verde é limão e vermelho, escarlate? Quem, me diga quem, batizou o azul-celeste?

Meus olhos nadam na superfície das cores com um aflitivo bater de pés. Não quero deixar escapar nenhuma tonalidade, mas meus esforços estão ficando fracos e dispersos...

Preciso investir em todas as cores e me colorir com todos os roxos e todas as púrpuras, todos os amarelos menos aflitos e todos os tons de rosa, dos vibrantes aos desbotados.

Meu corpo precisa criar seu próprio caleidoscópio, com miríades de nuances multicoloridas para se comprazer na arte do viver.

Minha paleta precisa das cores de um pomar.

Minha pele, da estamparia de emoções polêmicas e imensuráveis.

E eu, de pigmentos explosivos e compassivos, de forma a me projetar no espaço e me libertar.

Como uma ave que voa até o fim do mundo.

Retrofit

Se você pudesse se recriar, o que mudaria? Proponho este exercício estranhamente perturbador.

Se refazer ou se reformar, como um casarão velho em *retrofit*.

Quantas salas e quantos quartos, porões ou sótãos teriam de ser abertos, derrubados ou alterados?

Envelhecemos como um velho casarão, aos poucos nos enchendo de coisas e de penduricalhos que vamos coletando pela vida.

Retratos acinzentados, documentos amarelados, pratas embaçadas, porcelanas trincadas, espelhos quebrados, azulejos lascados...

Nosso corpo é como um casarão.

Chega uma hora que os joelhos doem, a coluna arqueia, o pescoço trava, o pé se perde em falso...

O casarão, tal qual o corpo, precisa de cuidados, de reformas, de trato.

Mas como remendar o que não pode ser remendado? Como pintar o que não podemos colorir?

Nossa visão de mundo, do outro e das coisas não valem nada se não carregam uma referência afetiva.

As perdas e os ganhos que acumulamos decoram a nossa alma.

Sobre verdades e mentiras

Existem explicações inexplicáveis em nossa mente.

Perturbações atmosféricas que nos empurram como nuvens em ventos sinuosos que não entendemos.

E lá vamos nós, flutuando sem chão, em busca de algum firmamento.

Antes de pensarmos em aterrissar, somos surpreendidos com indagações inquietantes...

Dar o nosso coração ou nos proteger de toda emoção? Dilema existencial sem nenhuma garantia de sucesso.

As águas da vida têm me mostrado com fartura que nem tudo que brilha reluz internamente.

Tenho presenciado descaminhos e desacertos de pessoas de tantas idades diferentes que me pergunto se desde os tempos ancestrais isso tem sido assim...

A eterna luta do Bem contra o Mal se estabelece também nas relações amorosas.

Nem tudo que faz bem é bom e nem tudo que faz mal é ruim.

Vejamos:

Você prefere uma verdade que faz mal e liberta *ou* uma mentira que faz bem e enreda?

Se a cobra morder antes de estar encantada, então, remédio nenhum haverá no mais hábil encantador.

Eclesiastes 10:11

15. O tempo de meditar

Voltei de uma peregrinação a lugares santos e mais do que nunca estou convencida de que existe um tempo de meditar. E que esse tempo é uma parada existencial necessária.

Algumas pessoas conseguem fazer essa parada em peregrinações, longas caminhadas ou retiros espirituais.

É verdade que nem todo mundo pode se ausentar por um longo período. Mas também é verdade que todos podem *reservar* um tempo.

Sim, podemos separar o tempo no tempo. Isso exige disciplina e persistência. Aliás, o tempo de meditar não se efetiva sem essas duas virtudes!

E por que o tempo de meditar é tão importante?, você pode me perguntar, cansado depois de um dia exaustivo de trabalho, quando tudo o que importa é assistir a um pouco de televisão depois do jantar e ir dormir o mais rápido possível, pois lá vem mais outro dia repleto de compromissos.

O tempo de meditar é um estágio importante da existência; é um diálogo interior que acontece quando estamos em contato com nosso eu profundo. Quando nos ouvimos em silêncio, com o pensamento voltado para a compreensão de quem somos e a razão de estarmos aqui, entramos no tempo de meditação. É realmente necessário fazer essa parada mental, existencial ou espiritual se quisermos nos sentir em paz.

Não falo de iluminação, mas de reconhecimento de si mesmo. É assim que reconhecemos o que sentimos ou necessitamos. É assim que percebemos nosso existir no mundo. Não é sem motivos que viemos para este planeta com uma mente racional e uma alma imortal.

Não se preocupe! Não é nada que exija tanto que você não possa dar. Aliás, doe-se a si mesmo! Tendemos a pensar em tudo, menos em nós mesmos. Temos de trabalhar, cuidar dos filhos, dar conta de agendas pessoais e profissionais, mas nunca pensamos que é preciso nos dar um tempo interior que não pode ser medido como se fosse um taxímetro.

Essa é uma das lições que aprendi no meu diálogo interior. Quando doamos de nós para nós mesmos abrimos espaço para a meditação ou a oração, chame como quiser.

Se você acha impossível ficar imóvel escutando um mantra, não tem importância. Algumas meditações são feitas andando, outras, sorrindo. Você também pode rezar ou pensar amorosamente na felicidade de todos os seres. Enfim, no tempo de meditar, precisamos olhar para nós com delicadeza e serenidade, desejando que o bem se espalhe. Dessa forma, estaremos andando em direção à completude de nossa identidade.

Estranho

Duas da madrugada e uma revoada de pássaros me intriga e perturba meu trabalho no computador. Vou até a janela do escritório e, meio assustada, ouço uma algazarra, ruídos que não consigo identificar muito bem... Morcegos, talvez?

Estranho, nunca tinha ouvido esse som em todas as noites que já passei em claro escrevendo...

Confesso que minha curiosidade foi menor que o meu receio de abrir a janela. O som era muito alto e estridente. Quantos seriam?

Desisti de saber e retornei à minha escrita. Abafei com o som do teclado o alarido instigante. Coloquei a culpa na chuva pesada que caía... sim, isso mesmo, a chuva despertou os habitantes noturnos, a mesma chuva que não me deixa dormir...

Eclipse

Sabe, eu tenho em você um confidente... alguém que me ouve e me alerta para todos os exageros da vida...

Pode parecer tolice conversar por meio dos dedos da mão, como se, ao teclar no computador, esse balé solitário fizesse um sentido.

Um para a esquerda, três à direita, um outro pelo meio, um que vai para baixo e sobe de repente, com pontos e vírgulas que cercam e emolduram uma escrita peculiar... mas nada é tão diferente como o sopro do espírito que dirigi às minhas mãos nesse teclado.

Meus pensamentos se formam antes mesmo que eu possa alcançar uma letra.

Essa conexão me faz entender um pouco mais os mistérios da mente, o seu formular ensandecido em busca de sentidos e conceitos que, sei, ela mantém em esconderijos em seu interior mais profundo.

Como viciada nesse frenesi vou seguindo em frente, teclando um pensamento atrás do outro sem sentir que estou apenas caminhando com minha mente, sim, apenas caminhando com minha mente, sem licença para desistir.

Siga em frente, alma minha: o campo é verde, a luz relampeja em seus domínios. E, de minhas mãos, um eclipse desprende de meu pensamento e voa solto pelo ar.

Quem declarará ao homem o que será depois dele debaixo do sol?

Eclesiastes 6:12b

16. O tempo de entrega

Existe sim um tempo em que só precisamos saber entender. Um tempo que dilata os minutos como se a vida estivesse nos preparando uma surpresa. Algo que não suspeitamos nem imaginamos de que se trata. E, vira e mexe, esse tempo traz um momento ruim ou instável. Algo que nos surpreende e nos tira as certezas sem nenhum pudor. Um tempo em que a vida parece se desmanchar e todos os nossos planos desaparecem na poeira do destino, apenas por simplesmente não estarem no tempo certo.

Tem gente que tenta planejar tudo com precisão, se esquecendo do imponderável, essa palavrinha ao mesmo tempo opressora e indispensável. É que a vida é assim, cheia de curvas e pontos cegos. Ambos confundem e embaralham nosso caminho, ensinando que, se acharmos que temos o controle em nossas mãos, vamos apanhar feio.

Não adianta se rebelar quando chega o tempo de entrega. Temos de abaixar a cabeça e aceitar sem peso no coração. Não, não é um castigo. Nem um pesadelo ou mesmo uma falha existencial.

Não há culpados nem vítimas no tempo de entrega. Somente o sujeito nada oculto que vai ter de entender que se não se entregar com fé e mente aberta nada vai funcionar.

Também não existe um modelo para sairmos ilesos do tempo de entrega. Não existe um teste nem mesmo uma folha de papel em branco para rascunharmos algumas saídas honrosas. Nada disso funciona.

No tempo de entrega temos de ser lúcidos, mesmo que a viagem seja alucinante. Nunca podemos tirar os olhos da estrada, pois ela vai continuar à nossa frente, nos convidando a dar mais um passo em sua direção, seja ela qual for.

No tempo de entrega, temos que andar com a certeza de que cada passo está na direção que devemos percorrer. Cada pedaço de chão nos pertence e nos fará crescer e melhorar.

Cada poeira cósmica será bem recebida, mesmo que não entendamos bem a razão de cairmos e continuarmos levantando.

Não, não existe um modelo, mas, no fundo, sempre sabemos o que devemos fazer para confiar. E é nessa tentativa e erro que reside nossa maior virtude.

Rocha viva

Quero mergulhar na imensidão do seu amor. Ficar ali, protegida de todos os males.

Me aninhar em sua fortaleza e saber que tudo está cuidado, amorosamente.

Velo pelos meus e peço a você que vele por mim.

Quem me dará de beber se um dia não houver nenhum copo, nenhuma mão estendida?

Não quero conhecer o coração duro dos homens que não se abalam com a dor nem se recolhem em compaixão.

Não quero um mundo sem a chama essencial que nos faz acreditar na existência do além.

Não quero um existir vago, sem fogo, sem paixão, sem complacência para com nossas faltas e carências...

Não, não vou me enrolar em um novelo de atitudes sem alma.

Quero a liberdade de voar para o meu céu existencial. Aquele lugar em que posso banhar meu corpo em rios de águas vivas e repletas de biológicos enigmas.

Sou a água que escorre da rocha viva. E nela deposito o meu sentimento.

*Tudo tem o seu tempo determinado,
e há tempo para todo o propósito debaixo do céu.*

Eclesiastes 3:1

17. O tempo de partir

E quando nos damos conta de que nossa permanência nesta vida está como uma folha ao vento, para lá e para cá, ondulando sem um rumo definido?

Os pensamentos se avolumam em uma discórdia crescente, repletos de indagações quase metafísicas sobre o sentido da vida...

Em outros momentos, nossa mente ardilosa nos convence de que não estamos procrastinando, muito menos o que enfrentaremos mais adiante, nos enredando com o clássico discurso de que ainda temos "muitas coisas" por fazer.

Confesso que o debate sobre o capítulo final da nossa existência pesa, e muito.

Pesa como um fardo indefinido e intolerável que nos assombra e que não sabemos onde colocar.

Seja no colo de quem nos embala para seguirmos em frente ou nos ombros de quem nos retém ou nos empurra para trás.

Algumas pessoas partem sem saber que estão indo e nem se perguntam para onde vão.

E tem os espiritualizados, que caminham com fé e esperança em direção ao grande desconhecido.

Não há quem consiga dimensionar a tristeza, o abandono e o vazio deixado por quem não está mais aqui.

Acredito que, se em cada partida testemunhamos a despedida de um coração partido, um orgulho vencido ou um desapego forçado, em alguns momentos acabamos surpreendidos pela fortaleza dos que se desnudam diante da escuridão vestidos de certezas que têm quanto ao porvir.

E para estes, acredito, existe um paraíso.

E a vida?

Se nesta vida somos todos iguais, o que seremos na outra?

Que outra?, você pode me perguntar...

E eu direi, com o coração ardente dos amores e travado das dores, que a outra vida é aquela em que você não pensa mais em nenhuma vida.

Sobrevive como um pássaro sem asas que tateia paredes lisas sem saber onde está.

E o infinito não chega em nenhum momento?

Não se engane, todos os infinitos se cruzam dentro de você, e se alimentam da sua imagem fria e azulada que se esvai em outras dimensões.

Existe, então, um caminho?

Não existem roteiros nem mapas, somente um trôpego caminhar em múltiplas direções.

Quem pensa que sabe para onde está indo sempre acaba se perdendo.

Se perde no instante em que dá o primeiro passo.

As certezas prepotentes sempre nos tiram da rota e nos jogam em tortuosas avenidas e intricadas vielas para nos enganar.

Ah, felizes aqueles que rumam sem tudo saber e sem medo.

Deles será a recompensa da chegada ao fim da caminhada.

18. O tempo de Deus

Não existe um tempo de Deus ou para Deus. E isso não é surpreendente.

É um tempo sagrado impreciso e muitas vezes não nos ocupamos dele como deveríamos.

A vida segue sempre muito rápida e atarefada, repleta de pessoas ou momentos fascinantes que preenchem cada pedacinho de nossa existência. Enquanto as coisas acontecem sem parar, não percebemos que estamos tomando o tempo de Deus em vão.

Quando crianças, vivemos o tempo de Deus em nossa inocente e singela harmonia... ainda somos um papel em branco a ser preenchido com os garranchos da coleção de enganos que penduraremos em nosso pescoço pela vida afora. Mal sabemos o que é ter consciência ou o que é amoral, antiético ou vergonhoso. Vivemos a autenticidade de nossa alma recém-chegada do Paraíso e isso nos deixa mais protegidos do destino. Somos o que somos, sem fantasias, e nossas ilusões são parte de nossa mágica realidade.

A candura de ser apenas uma criança.

O tempo vai passando e vamos nos integrando ao mundo, desejando que ele seja da maneira que queremos para saborearmos do menor doce ao maior banquete. Começamos então, lenta e diligentemente, a corromper a inocência que nos protegia do destino.

Ficamos órfãos das qualidades que são um verdadeiro escudo protetor: nossa verdade individual e nosso bom coração.

É nesse momento, quando nos lançamos de cabeça e nos entregamos ao mundo adulto, que nos perdemos e deixamos para trás o tempo de Deus.

Nem percebemos o quanto estamos nos distanciando porque temos outras prioridades se aproximando, mais chamativas, mais vibrantes, mais envolventes e sedutoras: poder, sexo, dinheiro, sucesso.

Todas essas coisas são tão mais tentadoras e prometem tantos prazeres que vamos deixando de lado o que existe de mais profundo e relevante em nossa alma: o elo que nos conecta ao Criador e que nos traz de volta a nós mesmos. A ligação vital que preferimos descartar em tantos momentos da trajetória. Momentos em que colocamos na porta de nossa alma uma tabuleta que diz: aqui não há espaço para Deus!

Essa é uma decisão que nos impomos, pois achamos que somente assim abriremos um espaço para sobreviver à hipocrisia, às agendas ocultas, ao que existe de pior no ser humano...

Quando não queremos ouvir a batida na porta que, sabemos, é um alerta para nossa consciência e para nossa alma, trancamos Deus em um lugar inacessível.

E a partir daí não mais encontramos Deus de forma alguma, em lugar nenhum. Nem mesmo quando olhamos a natureza fantástica criada por Ele.

Entretanto, precisamos acreditar que essa situação não irá se sustentar por muito tempo. E, nesse quesito, o tempo de "não deus" é o nosso maior aliado. Pois, quando pensarmos que não precisamos Dele, aí sim receberemos o verdadeiro chamado.

Chegará o momento em que não poderemos mais nos esconder de nós mesmos, de quem está por trás da máscara de carne, cabelos e órgãos.

É um alívio quando nos desnudamos para o encontro com nossa alma imortal.

Quando entendemos que tudo isso terá um fim e que por isso mesmo pertencemos ao tempo de Deus.

Sabemos, no íntimo, coletiva e individualmente, que somos seguidores e guerreiros de um tempo que nos fará respirar com mais confiança e força. Um tempo que nos preencherá e nos inundará de certezas e da sensação de que nos tornamos melhores do que jamais desejamos.

Quando nos ajoelhamos no espírito e rendemos graças, entramos no tempo de Deus.

Fé e fardos

Onde você deposita sua fé diz muito sobre você.

Fé é algo complicado... não tem explicação nem atalhos. Ou você tem ou não tem.

É como uma gravidez, ninguém fica "meio" grávido. Mas como explicar o que significa acreditar?

Não compreendo quem não tem fé. Nem consigo explicar por que tenho fé.

Reconheço, sem nenhum preconceito ou radicalismo, essa minha dificuldade espiritual.

Não consigo imaginar viver sem acreditar.

Sem entregar os dias em confiança. Sem sentir a grandeza de algo maior do que a minha simples existência.

Tenho consciência de que acreditar me faz fechar os olhos sem temor toda noite.

Minha fé me protege do enigma da morte e alivia os fardos da vida.

Motor existencial

Existe um motor existencial que nos impulsiona para o alto, um combustível mais do que nuclear que nos eleva em rota vertical rumo ao infinito.

Onde se espelham almas e seres diáfanos que nos observam com compaixão, eu creio.

E nesse imaginário quase fantástico que nos acompanha desde sempre, seja na religião ou na cultura ancestral, deposita-se a esperança da existência da salvação.

Que alguém nos acompanha e cuida de nós enquanto tivermos um coração.

Que esse alguém zela pelos incuráveis, aqueles que carregam chagas profundas no corpo e na alma.

Que esse alguém abraça com fervor a causa dos que nada tem nem nunca terão, porque deles se compadece.

E, mesmo que o mundo esteja vilmente dividido, competitivo e egoisticamente cruel, esse alguém jamais nos deixará.

Entrega

Gostaria de entender o quanto a nossa mente deturpa a realidade.

As impressões digitalizadas e as impressões digitais. Não, não existem equívocos ou enganos nessa estrada.

A claridade da alma apenas não atende, ou entende, o triste fulgor do ocaso. A morte.

São sensações de medo e finitude. Impressões de menos e de mais-valia entrelaçadas como se fossem coroas de espinhos.

Corpos lançados ao mar, desfeitos na terra, dilacerados ao vento, desmanchados ao léu.

De onde virá o socorro?

Nos Salmos, o socorro vem de Deus. Ele tudo pode.

Mas, e o socorro dos homens que nada fazem?

Aquele que tudo vê, tudo sabe e tudo sente saberá o que fazer.

Eu entrego.

Essência divina

Eu queria lhe dizer de todas as coisas belas e inatingíveis que existem em cada célula do seu corpo. Em todo o universo de possibilidades que lhe cerca. Dos milhares de cenas que se abrirão diante de seus olhos, de todos os encantamentos que preencherão o seu horizonte...

Olhe-se imaginando tudo que o mundo tem guardado para você. Como já fez antes, ao ter sua alma imortal renascendo entre outros ombros.

Nossa história pode ser recontada em dezenas de episódios marcados pela benção de estarmos juntos e pela tristeza de mais uma separação. Mas sei que nossos olhos e corações se encontrarão de novo em algum firmamento.

Nem sempre percebemos o quanto plantamos nesta terra, o quanto de nós largamos por aqui. São pedaços de alma, estilhaços de nossa partícula divina que se espalham, muitas vezes sem rumo, e, outras, em direções certas.

Não sei descrever a sensação de saudade que se apodera de mim quando penso que, um dia, não estarei mais neste planeta. Que serei e estarei entre outros nós que habitam mundos tão distantes, espectros repletos de diamantes que poucos conseguem vislumbrar...

Meus caminhos serão sempre os caminhos desses entes, porque juntos ainda trilharemos muitas eternidades.

Quem de nós pode duvidar dessa existência que garante mais um amanhecer, mais um anoitecer, mais uma estação neste plano?

Longe de mim descrever os mundos discretos, mas presentes, que habitam todos os espaços que acreditamos vazios.

Como não perceber a presença deles se cada minúscula nano parte do meu corpo vibra ao sentir os impulsos acelerados do meu coração? Uma presença que mexe com minha emoção e me faz chorar?

Não existe sol nem lua sem você. Da mesma forma que não existe dia nem noite sem mim. Somos um elo de um todo que perdura há milênios. Um envelope e uma carta com destinatários que variam com o tempo.

Na quietude que agora me encontro sinto meu pertencimento.

Meus pensamentos se dissolvem quando não estou presente em minha essência.

Meu destino só me pertence se estou caminhando junto de ti.

Epílogo

Segundo Eclesiastes, tudo tem seu tempo. São eles:
Tempo para nascer e tempo para morrer.
Tempo para plantar e tempo para arrancar o que se plantou.
Tempo para matar e tempo para curar.
Tempo para demolir e tempo para construir.
Tempo para chorar e tempo para rir.
Tempo para gemer e tempo para dançar.
Tempo para espalhar pedras e tempo para ajuntá-las.
Tempo para abraçar e tempo para apartar-se.
Tempo para procurar e tempo para perder.
Tempo para guardar e tempo para jogar fora.
Tempo para rasgar e tempo para costurar.
Tempo para calar e tempo para falar.
Tempo para amar e tempo para odiar.
Tempo para a guerra e tempo para a paz.

Não se sabe ao certo quem escreveu Eclesiastes, mas existe uma forte tradição de que teria sido o rei Salomão, filho do rei Davi. Não importa se o meu tempo é diferente do seu ou dos tempos descritos, como se supõe, pelo filho do rei Davi. E nem mesmo se não estamos mais no tempo em que foi escrito Eclesiastes.

O tempo é o tempo. Soberano. E, para ele, não existe começo, meio ou fim.

Carta ao leitor

Querida leitora, querido leitor, resolvi escrever este último texto porque não sei se para você o destino tem outros tempos…

Cada um de nós reflete sobre a vida por um prisma muito particular.

É complicado pensarmos que a vida pode ser compartimentada em tempos definidos e prontos para serem vividos. Ou que, pelo simples fato de estarem mencionados neste livro, teremos de vivenciá-los.

Não existe uma regra no jogo da vida. Nem um livro que explique o imensurável mistério da existência.

Vivermos em tempos desconhecidos ou reconhecidos, nem sempre importa.

Somos uma multidão de seres que se move aos tropeções, tateando às cegas por uma porta, uma janela ou uma saída que nos tire da situação em que nos encontramos da maneira mais rápida e eficiente possível.

Essa é a pura realidade. A vida acaba sempre sendo uma sucessão de acontecimentos embolados uns nos outros e nem sempre conseguimos ver um palmo à nossa frente.

Ninguém está imune ao sentimento de estar desbravando um mundo inóspito nem de se sentir inutilmente à deriva, sem remos para chegar à outra margem.

Oscilamos na aventura de estarmos aqui, variando entre tentativas de controlar os acontecimentos e de nos deixar levar por eles como se nada pudéssemos fazer.

Com este livro quis dar uma perspectiva de que a vida é, sim, uma surpresa, e que, queiramos ou não, ela também abrange algumas certezas que nos esperam.

As pedras estarão sempre lá. Assim como as flores. Não adianta querer ir contra o que somos, mas podemos ser melhores do que pensamos.

Esta é a mensagem deste livro. Podemos, sim, nos entender com o destino. Só precisamos nos dar oportunidades.

Que os tempos do destino sejam uma nova oportunidade de entendimento em sua trajetória. Assim como escrevê-lo foi para mim.

Boa sorte, viajante!

Impressão e Acabamento:
LIS GRÁFICA E EDITORA LTDA.